Yo voy y

Ciro Bello
ilustrado por Leeza Hernández

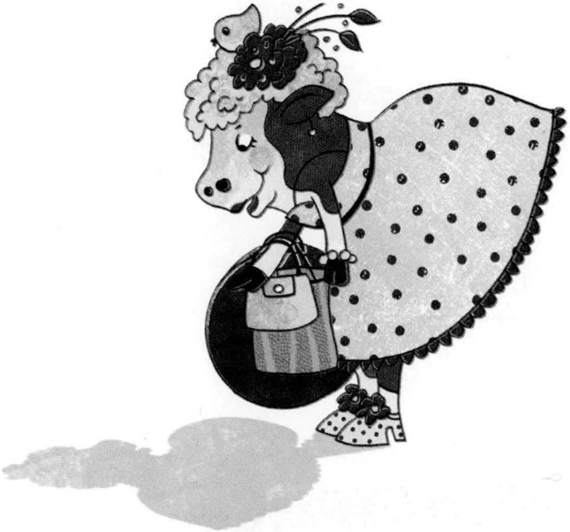

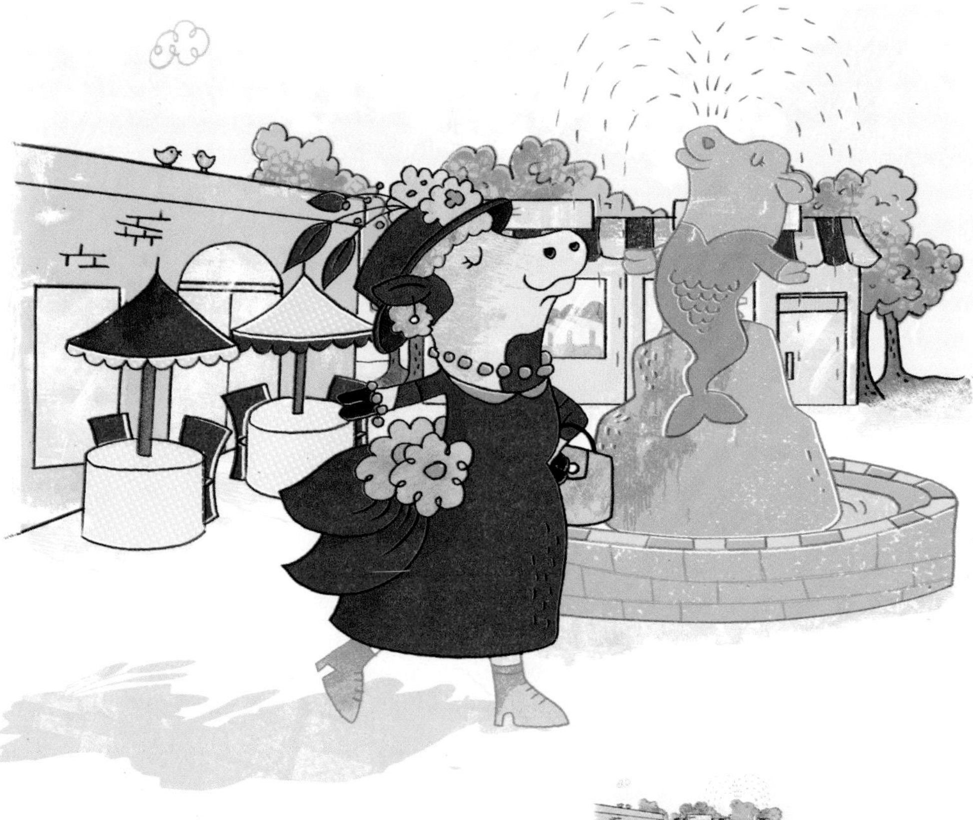

Yo voy a la 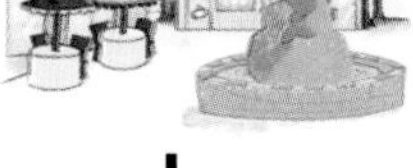 .

plaza

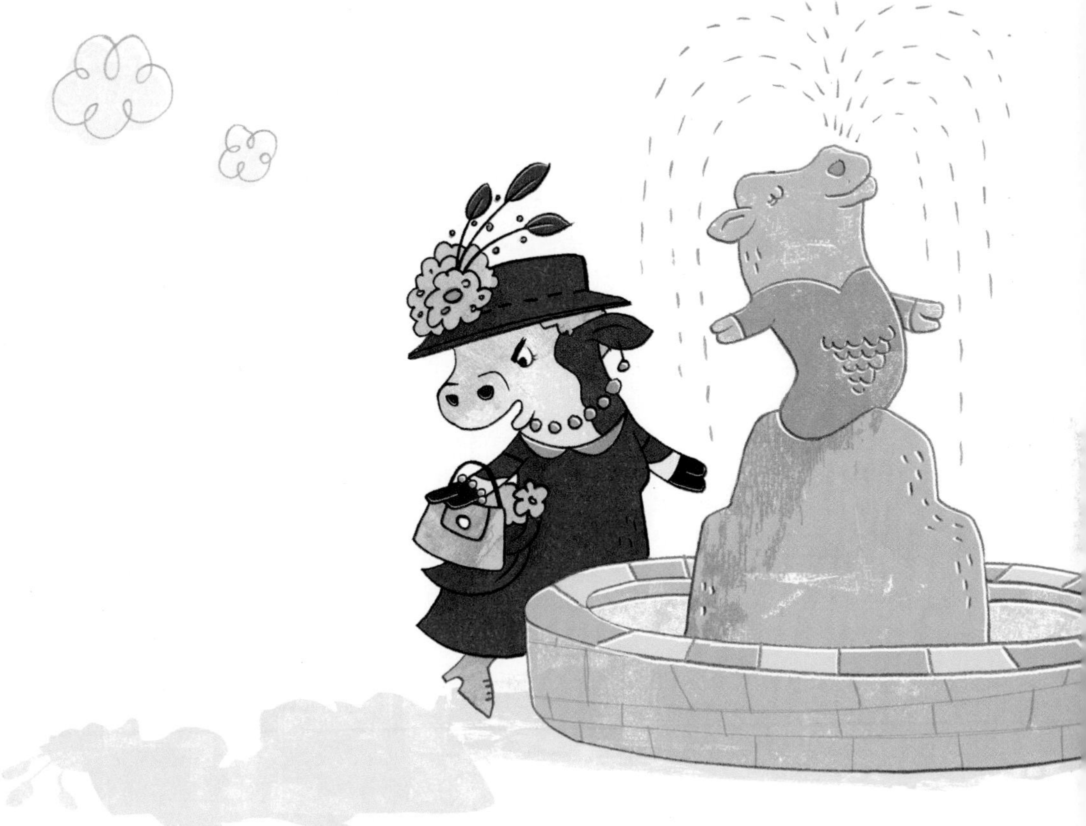

Yo te veo.

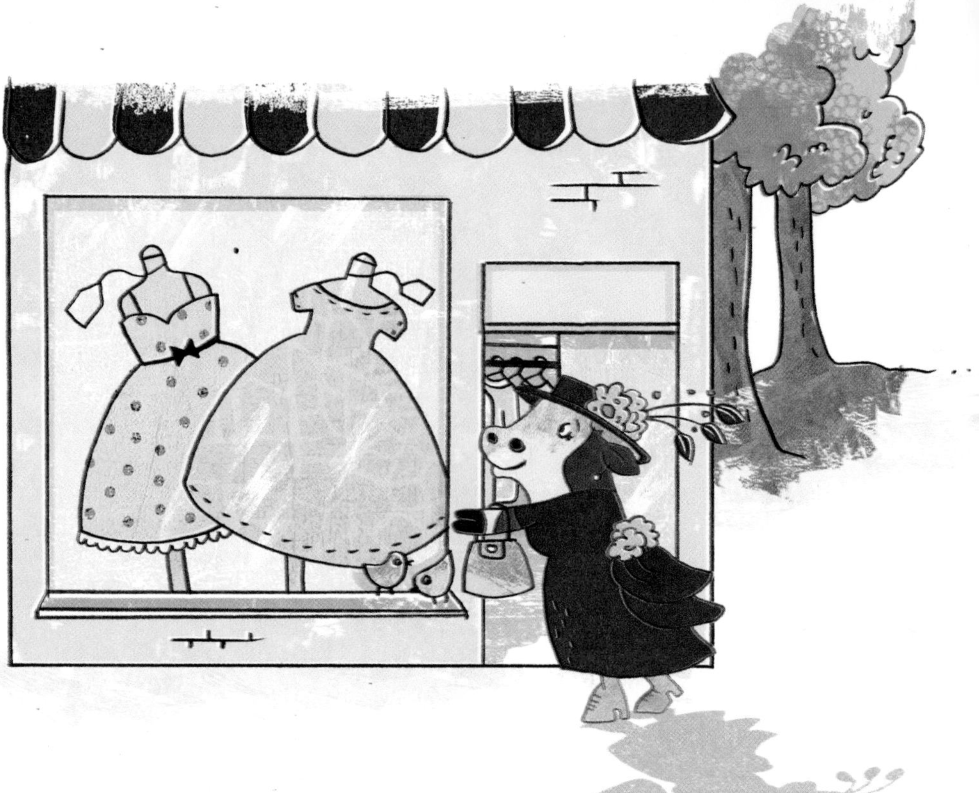

Yo voy a la 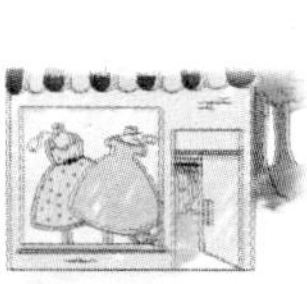 .
tienda

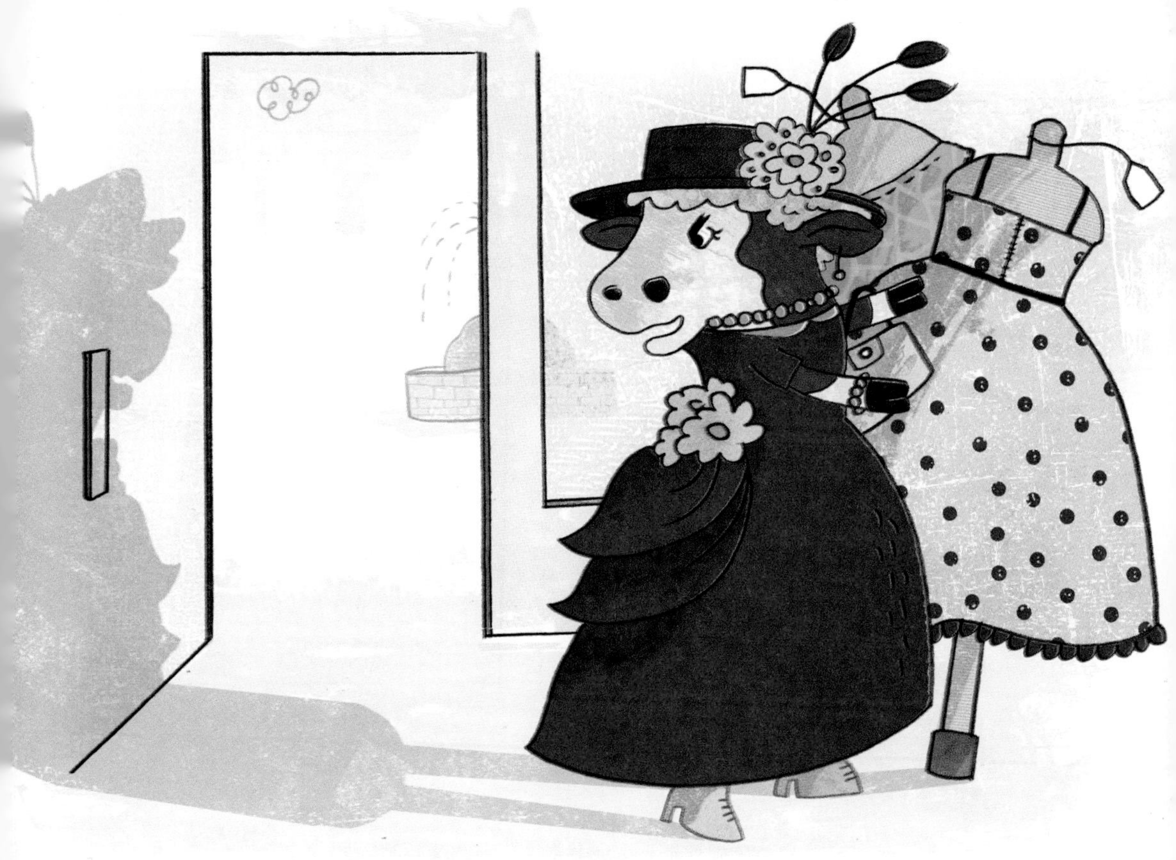

Yo te veo.

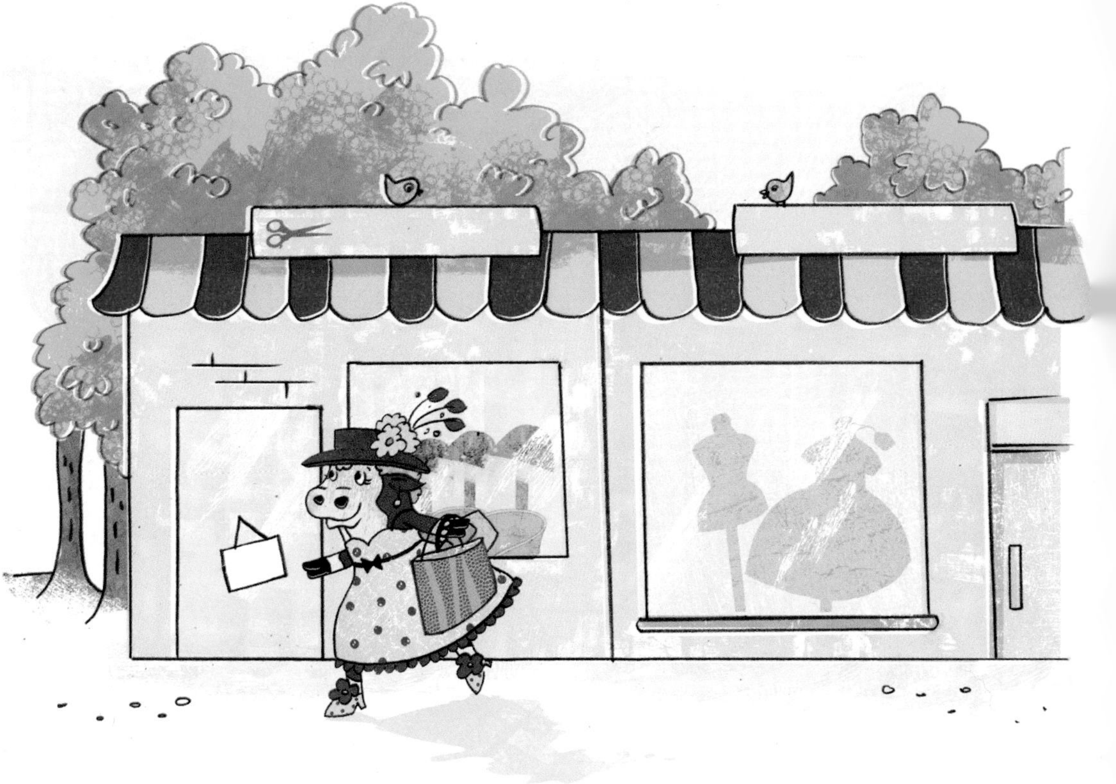

Yo voy a la 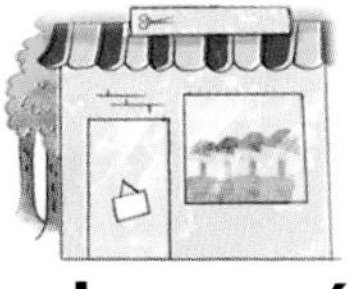 .

peluquería

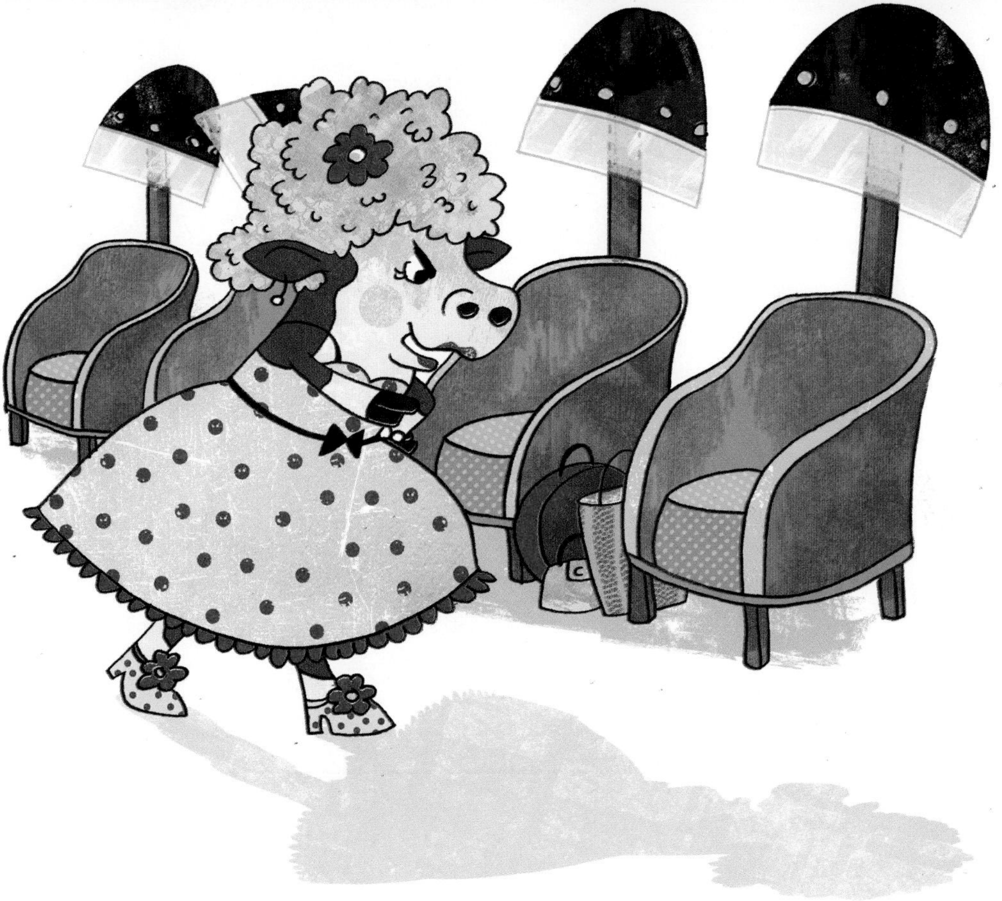

Yo te veo.

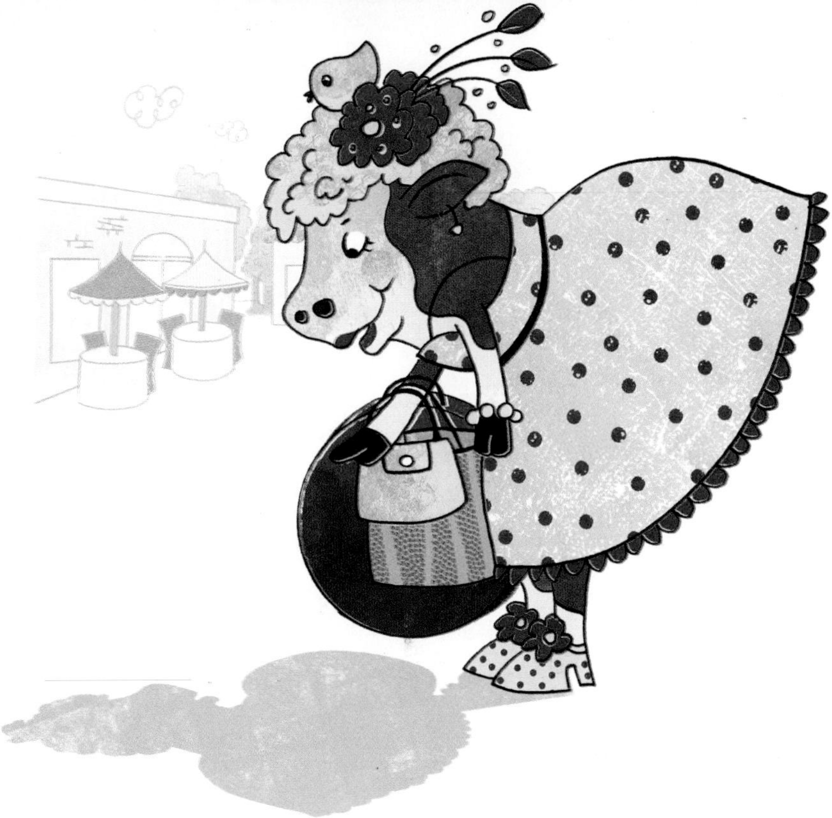

¡Yo te veo!